Aquarelles

par

Ch. George

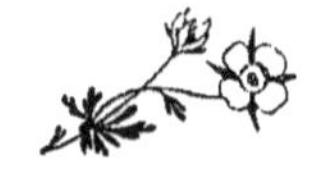

VENTE HOTEL DROUOT

Mardi 14 Décembre

1897

IMPRIMERIE DES ARTS

CATALOGUE

DES

AQUARELLES

PAR

CH. GEORGE

PAYSAGES

Bords de Marne, Bois de Vincennes

FLEURS, FRUITS

NATURES MORTES, ETC.

DONT LA VENTE AURA LIEU

HOTEL DROUOT, SALLE N° 8

Le Mardi 14 Décembre 1897

à deux heures

~~~~~~~~~~~

Me LÉON TUAL	M. B. LASQUIN
COMMISSAIRE-PRISEUR	EXPERT
56, rue de la Victoire, 56	12, rue Laffitte, 12

~~~~~~~~~~~

EXPOSITION PUBLIQUE

Le Lundi 13 Décembre 1897, de 1 h. 1/2 à 5 h. 1/2

CONDITIONS DE LA VENTE

Elle sera faite *expressément* au comptant.

Les Acquéreurs payeront CINQ POUR CENT en sus des adjudications.

Imprimerie de l'Art, E. MOREAU ET Cie, 41, rue de la Victoire.

Des aquarelles de Charles George mises
en vente à l'Hôtel Drouot et toute une
vacation encore ! Qui est-ce ce Charles
George et d'où vient ce nouveau peintre ?

Charles George, vous ne vous rappelez
pas ? Mais si. Il y a une quinzaine d'années,
vous l'avez tous connu, vous qui fréquentiez
l'Hôtel des Ventes. Il y remplissait alors
les fonctions d'expert en tableaux et objets
d'art et son nom a été mêlé à quelques-unes
des enchères importantes de ce temps-là.

Ah ! très bien, mais oui, Charles George !
Et pourquoi n'est-il pas resté expert ? Je
vais vous le dire :

Son père avait fait de l'expertise et s'y
était acquis une véritable célébrité. Il est
un des deux ou trois que l'on cite quand on
parle des grands experts d'autrefois.Charles
George entra dans cette carrière, toute
ouverte devant lui et, pour employer un
mot d'aujourd'hui, il fit de l'expertise par
atavisme.

Mais auparavant, dans sa jeunesse, il
avait étudié sérieusement la peinture. Ne
se sentant que des aptitudes fort limitées

pour les affaires, bien qu'il fut en voie d'y réussir au delà de ses espérances, il se retira prématurément à la campagne et reprit ses pinceaux.

L'aquarelle lui plaisait infiniment; il s'y adonna avec ardeur, copiant, du matin au soir, des fleurs, des fruits, des natures mortes et des paysages dont les motifs lui étaient fournis par les bords de la Marne ou les taillis du bois de Vincennes, voisins de sa demeure.

Il s'est efforcé d'interpréter la nature avec vérité et de la rendre sous un aspect gai et agréable. Y a-t-il réussi? Il laisse au public le soin d'en décider.

Comme, depuis plusieurs années, il travaille laborieusement et sans relâche, peu à peu, ses portefeuilles se sont gonflés outre mesure. Si bon père que l'on soit, quand les enfants deviennent trop nombreux et encombrent la maison, on n'est pas fâché au fond de leur voir courir le monde.

Telle est la cause de cette vente, appelée, nous l'espérons, à recevoir un bon accueil de tous ceux qui ne s'en tiennent pas à une signature plus ou moins cotée, mais collectionnent en ne s'inspirant que de leur goût.

Aug. Dalligny.

DÉSIGNATION

1 — *Pelouse à Fontenay-sous-Bois.*

2 — *Pensées.*

3 — *Bois de Vincennes.*
Encadrement de fleurs.

4 — *Pommes.*

5 — *Sous bois.*

6 — *Roses dans un flacon.*

7 — *Petite rivière, route de la Ménagerie, Bois de Vincennes.*
Et violettes.

8 — *Bouteilles et pot de moutarde.*

9 — *Ruisseau, Bois de Vincennes.*

10 — *Roses dans un flacon vert.*

11 — *Lac de la Porte-Jaune.*
Et fleurs.

12 — *Œuf sur le plat.*

13 — *Patinage, Lac de la Porte-Jaune.*

14 — *Vase de fleurs.*

15 — *Vase de fleurs.*

16 — *Une Cour à Villiers-sur-Morin.*
Et violettes.

17 — *Pêche, Prunes, Cerises, Amandes.*

18 — *Tranquillité.*

19 — *La Marne, Créteil.*
Encadrement de fleurs.

20 — *Sur le bureau.*

21 — *Petit Pont à la pointe de l'île de Beauté, Nogent.*

22 — *Fleurs dans un porte-bouquet en verre.*

23 — *Une Vanne sur l'Yerres, Périgny.*
Avec fleurs.

24 — *Cigarettes et Cigares.*

25 — *Villas, avenue des Châtaigniers, Nogent.*

26 — *Fleurs dans un vase de Chine.*

27 — *Coin de village, Périgny-sur-Yerres.*
Avec fleurs.

28 — *Pêches et pieds d'alouette.*

29 — *Ancienne Rue des Hautes-Marnes, Nogent.*

30 — *Reines-marguerites dans un vase jaune.*

31 — *Crue de la Marne, Nogent 1896.*

Encadrement de fleurs.

32 — *Melon, etc.*

33 — *Une Rue à Neuilly-Plaisance.*

34 — *Roses rouges.*

35 — *Chats blancs.*

Encadrement de fleurs.

36 — *Corbeille de fruits.*

37 — *Paysan faisant boire son cheval.*

38 — *Roses dans un verre d'eau.*

39 — *La Marne, vers Champigny.*
Encadrement de fleurs.

40 — *Pêches au vin.*

41 — *Laveuse, Périgny-sur-Yerres.*

42 — *Marguerites dans un verre japonais.*

43 — *Pont sur la Seine, Bercy.*
Avec fleurs.

44 — *Melon, Aubergines, Tomates, etc.*

45 — *Petit bras de la Marne, Joinville-le-Pont.*

46 — *Fleurs jetées.*

47 — *Bords de Marne, Saint-Maurice.*
Encadrement de fleurs.

48 — *Grenade, Pomme, Flacon de liqueur.*

Et maisons à Provins.

49 — *Hangar, à Champigny.*

5o — *Bouquet dans un pot de grès.*

51 — *Perroquet et pieds d'alouette.*

52 — *Pour un Fumoir.*

53 — *La Chevrière.*

54 — *Reines-marguerites dans un pot de grès.*

55 — *Le Moulin de Jarcy-sur-Yerres.*

Avec fleurs.

56 — *Frugal repas.*

57 — *Paysanne jetant le grain aux poules.*

58 — *Pensées dans un verre d'eau.*

59 — *La Marne, à Saint-Maurice.*
Encadrement de fleurs.

60 — *Céramique.*

61 — *Paysannes et vache dans un chemin creux.*

62 — *Roses dans un vase bleu turquoise.*

63 — *Saules au bord d'un ruisseau, Neuilly-sur-Marne.*
Encadrement de fleurs.

64 — *Fruits variés.*

65 — *Le Puits.*

66 — *Pensées dans un verre d'eau.*

67 — *La Plage, à Lion-sur-Mer.*
Encadrement de fleurs.

68 — *Cigares et Cigarettes.*

69 — *Ville-Évrard.*

70 — *Corbeille de pensées.*

71 — *Le Moulin de la Douve, près Noisiel.*

Encadrement de fleurs.

72 — *Petits vases, porcelaine de Chine.*

73 — *La Ferme du Tremblay, Champigny.*

74 — *Ferme délabrée, le Tremblay.*

75 — *Pensées.*

76 — *Lion-sur-Mer : Effet du matin.*

Encadrement de fleurs.

77 — *Nature morte.*

78 — *La Marne, Joinville-le-Pont.*

79 — *Bouquet de dahlias.*

80 — *Chaumières, à la Celle-sur-Morin (Seine-et-Marne).*
Encadrement de fleurs.

81 — *Sur la table de cuisine.*

82 — *Nature morte.*

83 — *Village de la Serverie (Calvados.*

84 — *Moulin à eau, Picardie.*
Avec fleurs.

85 — *Noix, Raisins, Citron, Figues, etc.*
Encadrement de fleurs.

86 — *Bouquet de chênes, Pelouse de Fontenay-sous-Bois.*

87 — *Arrêtés pour causer.*

88 — *Bouquet dans un vase.*

89 — *La Grande Pelouse, Bois de Vincennes, avenue de la Belle-Gabrielle.*

90 — *Le Moulin des Corbeaux, Saint-Maurice.*

91 — *La Ferme du Tremblay, Champigny.*

Encadrement de fleurs.

92 — *Cour de ferme et animaux.*

93 — *Lac de la Porte-Jaune.*

94 — *Pêches, Figues, Amande, etc.*

95 — *Sous bois.*

96 — *Le Pont de Champigny-sur-Marne.*

97 — *Roses dans un verre.*

98 — *Petit ruisseau et rochers, Porte-Jaune.*

99 — *Val de Beauté, Nogent.*

100 — *Bords de Marne, le Perreux.*

101 — *Le Pont de Champigny.*

102 — *Petite Cascade, route de la Ménagerie, Bois de Vincennes.*

103 — *Brouette dans les champs.*
Avec fleurs.

104 — *Lac de la Porte-Jaune.*

105 — *Bouleaux, Bois de Vincennes.*

106 — *Harengs saurs.*

107 — *La Marne au Perreux.*

108 — *Pousse de petits chênes, Pelouse de Fontenay.*

109 — *Paysage, d'après L. Moreau.*
Avec fleurs.

110 — *Calville et pommes d'api.*

CHARLES GEORGE